AF357039

LES AVIS,

Donnez en execution de l'Arreſt du Grand Conſeil du 30. Iuin 1685. par les Medecins de la Chambre Royale des Vniverſitez Provinciales de France érigée à Paris , dont les noms ſont en-regiſtrez és Regiſtres dudit grand-Conſeil.

Pour ſervir d'inſtruction au procez pendant aud. grand-Conſeil, entre Charles de S. Germain cy-devant Syndic de laditeCham-bre,& les nommez Nicolas Blegny , Ioſeph Garrus,& Barthe-lemy Chandelier ſoy-diſans Docteurs en Medecine deſdites Vniverſités.

Et pour donner une idée ſuccinte de l'établiſſement du progrez de ladite Chambre.

OUS ſous-ſignez &c. Docteurs en Medecine de la Cham-bre des Univerſitez Provincial es de France , immatriculez ſur les Regiſtres du Conſeil , ayant eü communication de l'Arreſt dudit Conſeil rendu le 30. Iuin 1685. qui ordonne qu'avant de faire droit ſur les Demandes, Requeſtes & Op-poſitions des Parties, tous les Medecins des Facultez Pro-vinciales, dont les noms ſont enregiſtrez és Regiſtres dudit Conſeil, feront aſſignez & convoquez à la Requeſte de Monſieur le Procureur General dudit Conſeil, en l'Hoſtel & pardevant Monſieur le Doyen dudit Con-ſeil, pour donner leurs avis ſur leſdites Demandes , Requeſtes & Oppoſi-tions , & proceder à l'élection d'un nouveau Syndic & autres Officiers. Aprés avoir fait lecture dudit Arreſt , & deliberé entre nous ſur tous les chefs contenus en iceluy. Noſtre Avis eſt , qu'eſtant neceſſaire avant-tou-tes choſes, de donner quelque idée de l'eſtabliſſement & de la neceſſité de noſtred. Chambre, il faut faire obſerver à Noſſeigneurs dudit Conſeil ,que pour obvier aux débats & démeſlez,qui pouvoient arriver dans Paris,par le rencontre des Docteurs en Medecine de diverſes Univerſitez, & pour em-peſcher pluſieurs abus qui ſe commettoient en l'exercice de la Medecine, par le grand nombre d'ignorans, qui ſans aucun aveu s'ingeroient de la pratiquer , ledit Conſeil auroit eſté obligé d'y pourvoir par pluſieurs Ar-reſts & bons Reglemens, & entr'autres par celuy du 10 Mars 1648. rendu contradictoirement entre les Doyen & Docteurs en Medecine de l'Uni-verſité de Paris , & Antoine Madelain Docteur en Medecine de l'Uni

A

verſité de Morpellier, étably & pratiquant la Medecine dans Paris, portant deffenſes reſpectives aux parties de ſe meſaire ny medire dans l'exercice de leur profeſſion ; & par celuy du dernier Decembre 1668. auroit ordonné que les Medecins des Univerſitez Provincialles de France, aprés avoir deuëment fait apparoir les Lettres de leur Doctorat, ſeroient adjoûtez à la Liſte deſdits Medecins reſidans à Paris, & pourroient comme eux pratiquer & exercer la Medecine dans la Ville & Faux-bourg de Paris ; Et par un autre Arreſt du 14. May 1669. auroit ordonné que la Liſte deſd. Medecins des Univerſitez Provinciales de France reſidans à Paris, ſeroit enregiſtrée és Regiſtres dudit Conſeil, & que les dénommez dans ladite Liſte pourroient pratiquer & exercer la Medecine à Paris, & ſe trouver aux Aſſemblées & Conſultations ſans aucun trouble ; & par un autre Arreſt du 15. Octobre 1672. auroit fait deffenſes à tous Docteurs en Medecine deſdites Univerſitez & à toutes autres perſonnes de pratiquer la Medecine dans Paris, qu'auparavant ils n'euſſent fait apparoir leurs Lettres de Doctorat, ſoutenu une Theſe de Medecine dans la Chambre deſdits Docteurs, & qu'ils n'euſſent eſté enſuite immatriculez ſur les Regiſtres dudit Conſeil. Ce qui auroit eſté confirmé par des Lettres Patentes de Sa Majeſté du mois d'Avril 1673. enregiſtrées audit Conſeil, par deux Arreſts du Conſeil Privé rendus les 12. Decembre 1679. & 5. Iuillet 1683. & par un Arreſt du Conſeil d'Eſtat du 28. Aouſt 1684.

D'où il reſulte que depuis 1669. pour eſtre membre de cette Chambre, trois conditions ſont abſolument neceſſaires. 1°. Il faut avoir montré ſes Lettres de Docteur en Medecine. 2°. Avoir ſoutenu une Theſe de Medecine dans ladite Chambre. 3°. Enfin eſtre immatriculé ſur les Regiſtres dudit Conſeil, en vertu d'un Arreſt qui l'ait ordonné.

Ces trois conditions ont eſté trouvées raiſonnables & executées ponctuellement par tous ceux qui ſe ſont preſentez depuis 1669. pour eſtre receus dans ladite Chambre, comme il paroiſt par l'Arreſt du Conſeil du 15. Octobre 1672. qui ordonne l'enregiſtrement des ſieurs de Conrade, Beudon & de Dourlens, par celuy du 6. Avril 1684. qui ordonne l'enregiſtrement du ſieur Gontier, & par celuy du 30. Iuin 1685. qui ordonne l'enregiſtrement des ſieurs le Bouc, Beſançon, Ozon & du Meſnil. Il n'y a que les nommez Garrus, Blegny & Chandelier, à qui ces conditions ont paru fâcheuſes, lors qu'ils ſe ſont preſentez l'année derniere pour eſtre admis dans ladite Chambre ; & comme ils n'ont point voulu y ſatisfaire, ils ſe ſont aviſez entr'eux d'éluder leſdits Arreſts du Conſeil, par une entrepriſe la plus temeraire & la plus criminelle, qui ait jamais paru à l'Audiance du Conſeil, & qu'il eſt bon de deduire icy en peu de mots. Ils ont appris que le ſieur Arlot cy-devant Cenſeur de ladite Chambre, avoit quelques differens avec ledit S. Germain Syndic, tant parce que ledit Syndic n'avoit pas fait mettre ledit Arlot au nombre des douze anciens de ladite Chambre dans l'Arreſt du 6. Avril 1684. que parce qu'iceluy Sindic avoit intenté un procez criminel audit Arlot, pour raiſon de l'Original des Lettres Patentes & autres pieces qu'il avoit diverti de lad. Chambre. Garrus, Chandelier & conforts fe font accommodez avec ledit Arlot , & ainfi qu'on a appris par eux.mefmes, ils luy ont fait une Obligation de 800. liv. moyennant quoy il leur a mis entre les mains lefdites Lettres Patentes, le Livre des Statuts arreftez & fignez en 1673 par les Docteurs de ladite Chambre , & un Acte portant élection du fieur de Micha pour Syndic au lieu & place du fieur de S. Germain , figné auffi en 1673. par plufieurs Docteurs de ladite Chambre ; & ils fe font imaginez qu'en adjoûtant leurs noms & leurs feings en 1684. au bas defdits Status & Actes de revocation parmi les noms de ceux qui les avoient fignez en 1673. ils pourroient par cette fauffeté fe difpenfer de la Thefe, & furprendre le Confeil, en faifant croire qu'ils eftoient auffi anciens Membres de la Chambre, que tous ceux qui les avoient figné en ce temps-là ; ne faifans pas reflexion, premierement, que ces pieces de 1673. où ils ont adjoûtez depuis peu leurs noms, ne font pas encore affez anciennes, pour les difpenfer de la Thefe , puifque ladite Thefe eftoit ordonnée un an auparavant par l'Arreft du Confeil du 15 Octobre mil fix cent foixante-douze. Secondement, que cette fauffeté groffiere fe decouvriroit tres-facilement par trois moyens. 1°. Par le Certificat de tous lefdits Medecins qui ont figné lefdits Statuts & Acte de revocation en 1673. qui affurent tous n'avoir jamais veu dans leurs Affemblées lefdits Garrus & Chandelier , ny avoir figné lefdits Actes avec eux. 2°. Par le Regiftre du Confeil fur lequel les noms defdits Chandelier & Garrus , ne fe trouvent point, comme les noms de ceux qui ont figné lefdits Actes en 1673. & qui font tous enregiftrez en vertu des Arrefts du Confeil des 14. May 1669. & 15. Octobre 1672. 3°. Parce que depuis un an ou environ , ledit Garrus a figné une promeffe , par laquelle il promet vingt-deux écus audit de S. Germain , pour faire les frais de fa reception en ladite Chambre, ce qui n'a pas efté executé , faute par ledit Garrus de n'avoir pas voulu foutenir la Thefe ordonnée par l'Arreft du Confeil du 15. Octobre 1672. & enfuite par les Lettres Patentes en 1673. Lefdits Garrus & Chandelier nonobftant toutes ces contradictions & ces fauffetez manifeftes, n'ont pas laiffé de collufion avec ledit Arlot , & fous la qualité fuppofée d'Anciens de lad. Chambre, de furprendre au Confeil l'Arreft du 25. Octobre 1684. qui leur permet de s'affembler & de proceder à l'élection d'un Syndic. Et c'eft cet Arreft furpris, qui eftant venu à la connoiffance dudit de S. Germain a donné lieu à fon Oppofition & à plufieurs procedures, fur lefquelles le Confeil avant de faire droit aux Parties, nous ayant fait l'honneur de nous demander noftre Avis, il ne nous fera pas difficile d'y fatisfaire.

Et en premier lieu, pour ce qui eft de la Requefte prefentée au Confeil par Charles de S. Germain le 6. Novembre 1684. tendante à ce qu'il foit receu oppofant à l'Arreft du 25. Octobre 1684. obtenu par Jofeph Garrus & Barthelemy Chandelier , & que faifant droit fur ladite Oppofition , il foit ordonné que les Lettres Patentes du mois d'Avril 1673. les Arrefts du

Conseil des 31. Decembre 1668. 14. May 1669. 15. Octobre 1672. & 6. Avril 1684. & du Conseil privé des 12. Decembre 1679. & 5. Juillet 1683. & du Conseil d'Estat du 28. Aoust 1684. seront executez selon leur forme & teneur, & en consequence que deffenses soient faites ausdits Chandelier & Garrus, & à tous autres de s'ayder ny servir dudit Arrest du 25. Octobre 1684. ny de faire aucune assemblée, ny aucune election d'un Procureur Syndic. Nostre avis est, que ledit de S. Germain est tres-bien fondé dans sadite Requeste, & que c'est avec raison qu'il demande l'execution des Lettres Patentes, des Arrests du Conseil, du Conseil privé & du Conseil d'Estat, en s'opposant à l'Arrest du Conseil du 25. Octobre 1684. puisque ce dernier Arrest a esté temerairement surpris par lesdits Garrus & Chandelier, sous la qualité supposée d'Anciens de ladite Chambre, & d'intelligence avec ledit Arlot, comme il paroist par la lecture seule dudit Arrest, où il est fait mention de diverses sommations faites par lesdits Garrus & Chandelier, quoy que parties non competentes, audit Arlot comme Censeur, lesquelles ledit Arlot n'a jamais d'énoncées, ny au Syndic, ny à aucun autre des Medecins de ladite Chambre, & aux qu'elles, pour mieux surprendre le Conseil, il a respondu en disant qu'il renonce à ladite Chambre, & en acquiesçant à la fausse qualité, que lesd. Garrus & Chandeliers y ont pris d'Anciens de ladite Chambre, quoy qu'il sçeust aussi bien que tous les Medecins sous-signez, que lesdits Garrus & Chandelier n'y avoient jamais esté admis, ny mesme veus, si ce n'est depuis un an ou environ, qu'ils sont venus solliciter quelques-uns de nostre Compagnie pour y estre receus, & qu'ils ont fait inutilement cette tentative, n'ayant pas voulu y soutenir la These, qui leur a esté proposée conformement ausdites Lettres Patentes & Arrests; d'où il s'ensuit que lesdits Garrus & Chandelier n'ont pû & ne peuvent se servir dudit Arrest, pour faire aucune assemblée ny élection d'un nouveau Syndic de la Chambre, puisque depuis l'Arrest du Conseil du 15. Octobre 1672. pour s'assembler & avoir voix dans ladite Chambre, il faut y estre admis auparavant, y avoir montré ses Lettres de Docteur, y avoir soutenu These, & estre immatriculé sur les Registres du Conseil par un Arrest qui l'ait ordonné, conformement ausdites Lettres Patentes & Arrests du Conseil; & comme lesdits Garrus & Chandelier ne peuvent produire aucun Certificat d'avoir montré leurs Lettres, ny d'avoir soutenu These dans ladite Chambre, que leurs noms ne se trouvent point en aucune Liste des Docteurs de ladite Chambre enregistrée au Greffe dudit Conseil, & qu'ils n'ont aucun Arrest dudit Conseil qui ait ordonné leur enregistrement, il faut conclure que lesdits Garrus & Chandelier ont esté bien temeraires de vouloir surprendre le Conseil, par la supposition qu'ils ont faite qu'ils estoient Anciens de ladite Chambre, & d'avoir voulu soutenir cette supposition par leurs seings & leurs noms adjoûtez depuis un an ou environ, à des Actes qui ont esté signez il y a plus de douze ans dans ladite Chambre, par ceux qui la composoient en ce temps là, & qui ne leur ont esté vendus & mis és mains par ledit Arlot, que depuis l'année derniere. Certes ce procedé extraordinaire tenu temerairement dans un Tribunal aussi sacré & aussi éclairé que celuy du Conseil, meriteroit bien quelque punition ou reprimande exemplaire ; & celuy qui a diverti & mis és mains desdits Chandelier & Garrus les Lettres Patentes, & les Actes Originaux de ladite Chambre, au bas desquels ils ont ensuite adjoûtez leurs seings & leurs noms, meriteroit bien d'estre enveloppé dans le mesme châtiment comme fauteur & complice de ce crime ; & c'est ce que nous attendons de la justice du Conseil.

Et pour ce qui est de la qualité, que prend ledit Chandelier de *Syndic des Medecins des facultez Provinciales pratiquans en Cour & à Paris*, nous pouvons dire, sauf le respect du Conseil, qu'il n'y eut jamais effronterie plus inouïe ; Car y a-t'il un Procureur Syndic sans élection faite & signée par ceux dont il se dit Procureur ? Depuis l'établissement de la Chambre, qui se fit à Paris en 1668. en consequence de l'Arrest du Conseil du 31. Decembre 1668. on ne compte que cinquante-huit Docteurs en Medecine desdites Facultez, qui ayent esté receus dans cette Chambre, & dont les noms ayent esté enregistrez és Registres du Conseil ; Sçavoir 48. en vertu de l'Arrest du Conseil du 14. May 1669. trois par l'Arrest du Conseil du 15. Octobre 1672. un par l'Arrest du Conseil du 6. Avril 1684. 2. par l'Arrest du Conseil d'Estat du 28. Aoust 1684. & 4. par celuy du Conseil du 30. Juin 1685. Ledit Chandelier ne sçauroit produire son élection faite & signée par aucun desdits cinquante-huit Medecins, dont il ose se qualifier Syndic. Il ne l'est donc que parce qu'il se l'est nommé luy-mesme, ou tout au plus parce qu'il a fait signer cette pretenduë nomination par ses complices, qui ne sont point non plus que luy de la Chambre, & qui refusent de soûtenir These pour y estre admis ; parce qu'ils craignent peut-estre d'y estre refusez faute de capacité, comme l'a esté ledit Chandelier dans une Université, où il a tenté de se faire recevoir. Cette seconde temerité jointe à la premiere, demande sans doute au Conseil une punition proportionnée en la personne dudit Chandelier, qui puisse servir d'exemple pour les autres ses semblables.

Pour ce qui est de la Requeste presentée par ledit Chandelier au Conseil le 17. Novembre 1684. tendante à ce qu'il soit receu opposant à l'execution de l'Arrest dudit Conseil du 6. Avril 1684. & en consequence qu'il soit fait deffenses audit de S. Germain, de prendre à l'avenir la qualité de Syndic perpetuel & irrevocable, & aux Anciens nommez dans ledit Arrest de prendre aussi la qualité des douze anciens ; que Monsieur le premier Medecin demeurera seul President de ladite Chambre, & que tous les Docteurs de ladite Chambre seront tenus de reconnoistre iceluy Chandelier pour leur Procureur Syndic. Nostre avis est, que ledit Chandelier doit estre debouté de sadite Requeste, & de son opposition faite à l'execution de l'Arreſt du 6. Avril 1684. Car puiſque led. Chandelier n'eſt point membre de la Chambre, il n'eſt pas Partie capable de s'oppoſer à un Arreſt, qui ne contient que des Regiemens concernans ladite Chambre. Et s'il s'eſt gliſſé quelque choſe dans led. Arreſt touchant l'ordre qui ſe doit obſerver pour la convocation des Aſſemblées, le rang des Docteurs qui compoſent ladite Chambre, & la reception de ceux qui deſirent y eſtre receus, qui ne s'accorde pas tout à fait avec le contenu en l'Arreſt precedent du Conſeil du 15. Octobre 1672. confirmé par les Lettres Patentes de Sa Majeſté, & l'Arreſt du Conſeil d'Eſtat du 28. Aouſt 1684. ce n'eſt pas à Chandelier à s'en plaindre, mais bien aux Docteurs qui compoſent ladite Chambre, & qui ſont d'avis ſur le contenu audit Arreſt.

1°. Que comme le Syndic a plus de connoiſſance des affaires qu'il manie pendant ſon Syndicat, que tout autre; ce doit eſtre luy qui convoquera les Aſſemblées, comme il eſt expreſſément porté par l'Arreſt du 15. Octobre 1672. & non pas l'Ancien, ainſi qu'il s'eſt gliſſé dans ledit Arreſt du 6. Avril 1684.

2°. Touchant l'ordre & le rang des Medecins de ladite Chambre, nous ſommes d'avis qu'il y doit avoir deux rangs en icelle; Sçavoir celuy des Officiers des familles Royales, où chacun ſera placé d'un meſme coſté ſuivant la qualité de ſa Charge, & le temps de ſa reception en icelle; & l'autre des Docteurs qui ne ſont point pourveus d'Offices, qui ſe placeront de l'autre coſté, ſuivant l'ordre de leur reception en ladite Chambre, ou ſuivant l'antiquité de leur Doctorat, s'ils ſont receus & enregiſtrez en un meſme jour.

3°. Nous ſommes d'avis qu'il n'y doit avoir perſonne entre nous, qui affecte de prendre la qualité de Preſident, quoy qu'il ſoit à propos que celuy qui ſe trouvera le plus Ancien dans chaque Aſſemblée de ladite Chambre, y preſide & faſſe la fonction de Doyen. Et à l'égard de Monſieur le premier Medecin, il eſt inutile de faire nomination de ſa perſonne pour Preſident de ladite Chambre, la dignité de ſa Charge le faiſant Preſident né non ſeulement de cette Chambre, mais de toutes les Chambres & Facultez de Medecine du Royaume, ſans qu'il ait beſoin d'aucune nomination, comme le pretend Chandelier dans ſadite Requeſte.

4°. Pour ce qui eſt de la ſomme de cent écus, que le Conſeil a ordonné par ledit Arreſt du 6. Avril 1684. devoir eſtre payée par les Recipiendaires de ladite Chambre, conſiderans que cette ſomme eſt fort modique pour des Medecins qui veulent s'établir & pratiquer à Paris, & jouïr des droits & privileges portez par les Lettres Patentes & Arreſts du Conſeil, en comparaiſon des ſommes bien plus conſiderables qui ſe payent ordinairement, & qui outre les frais de Maitriſe, ſe mettent dans les bourſes communes des Chambres des profeſſions les plus mediocres; & que d'ailleurs cét établiſſement ne ſçauroit ſe faire & ſe maintenir ſans de grandes dépenſes, tant pour les loyers & entretiens d'une Chambre commune, que pour furvenir aux frais des procez qu'il conviendra foûtenir pour l'execution defdites Lettres Patentes & Arrrefts du Confeil ; & attendu qu'il n'eft pas raifonnable d'exiger à l'avenir aucune chofe des Medecins déja receus dans ladite Chambre, aprés les fommes confiderables qu'ils ont cy-devant fournies pour cét établiffement depuis dix-neuf ou vingt années. Nous fommes d'avis que ces frais fe prendront dorefnavant fur ce que les Recipiendaires payeront pour eftre admis dans ladite Chambre ; & à cét effet tous lefdits Recipiendaires non pourveus d'Offices, payeront comme il eft ordonné par ledit Arreft du 6. Avril 1684. ladite fomme de cent écus, pour eftre mife dans la bourfe commune de ladite Chambre, à moins que les douze Anciens de ladite Chambre ne jugent à propos pour des raifons particulieres, de les difpenfer du tout, ou d'une partie de cette fomme. Et pour ce qui eft des Medecins pourveus d'Offices actuellement fervans chez le Roy ou chez Monfieur, & des premiers Medecins des Princes & Princeffes du Sang, comme il eft certain que ceux qui font pourveus de ces Charges, ont des Lettres de Doctorat vifées par les premiers Medecins, & que d'ailleurs ils ne manquent pas de fuffifance & de capacité pour fervir utilement le public, puifque les Roys & les Princes les ont choifis pour leur famille Royale, ils feront receus & admis dans ladite Chambre, pour y prendre place fuivant la qualité de leur Charge, fans eftre obligez de foûtenir ladite Thefe, ny de payer aucune chofe, fi ce n'eft qu'ils veüillent de leur bon gré donner quelque marque de leur entrée dans la bourfe commune de ladite Chambre.

Sur la Requefte dudit de S. Germain prefentée au Confeil le 25. Novembre 1684. tendante à ce qu'il foit receu oppofant à la permiffion d'informer contre luy furprife par ledit Garrus, au fujet de quelques Billets extorquez, & diftractions de deniers faites par ledit S. Germain, tant dans le maniement des affaires de ladite Chambre, qu'autrement. Nous fommes d'avis que ledit Garrus eft tres-mal fondé dans la pourfuite qu'il fait de l'information, fur les malverfations & exactions pretenduës faites en lad. Chambre par ledit S. Germain, n'eftant pas ledit Garrus membre de noftre Chambre, & n'y ayant jamais efté receu. Il y auroit bien plus lieu d'informer contre iceluy Garrus, de ce que pour appuyer la fauffe qualité qu'il prend dans fa Requefte d'ancien de ladite Chambre, il a ofé adjoûter depuis un an fon nom & fon feing au bas des fufdits Statuts & Actes, qui furent fignez en 1673. dans une Affemblée generale de tous les Docteurs de ladite Chambre, où ledit Garrus n'eftoit pas, comme tous lefdits Docteurs le certifient, & comme ledit Garrus l'a luy-mefme reconnu par le billet qu'il a fait l'année derniere audit de S. Germain, de la fomme de vingt deux écus pour avancer les frais de fa reception en ladite Chambre. Si donc ledit S. Germain a fait quelques exactions & diverfions de deniers dans le maniement des affaires de ladite Chambre, il n'y a que les feuls Docteurs qui compofent ladite Chambre qui font en droit de luy en demander compte quand ils le jugeront à propos. Mais fi led. S. Germain a fait quelques malverfations dans le maniement des affaires d'une Confrairie de l'Immaculée Conception, & ailLieurs, comme le pretend ledit Garrus, cela ne regarde pas les Medecins fous-fignez, & led. Garrus peut le dénoncer à Monfieur le Procureur General.

Sur la Requefte prefentée au Confeil par ledit S. Germain le 30. Decembre 1684. tendante à ce qu'il foit receu oppofant à l'execution d'un Arreft dudit Confeil furpris par Nicolas de Blegny, & qu'en confequence deffenfes foient faites audit Blegny & conforts, de plus prendre la qualité de Docteur en Medecine, ny d'en faire aucunes fonctions, jufqu'à ce qu'ils ayent executé les Reglemens ordonnez par les Lettres Patentes & Arrefts du Confeil. Noftre avis eft, que ledit S. Germain eft tres-bien fondé dans fefdites Requefte & oppofition, puifque ledit Blegny n'a point fait apparoir fes pretenduës Lettres de Docteur, n'a point voulu foûtenir Thefe dans ladite Chambre, & n'eft point immatriculé fur les Regiftres du Confeil au defir des Lettres Patentes & des Arrefts dudit Confeil; joint que d'ailleurs il eft de notorieté publique, que ledit de Blegny n'a jamais étudié en aucune Univerfité, & ne fçait pas mefme la langue Latine, comme il en êt lui même demeuré d'accord devant plufieurs des Medecins fousfignez, lors qu'il eft venu les folliciter pour eftre difpenfé de ladite Thefe.

Sur la Requefte prefentée au Confeil le premier Fevrier 1685. par Germain de Befançon, Georges Ozon, Julien le Bouc, & Jean François Du Mefnil, tendante à ce que leurs noms foient enregiftrez és Regiftres du Confeil, attendu qu'ils ont fatisfait aux Reglemens ordonnez par les Lettres Patentes & Arrefts dudit Confeil. Nous n'avons aucun avis à donner, le Confeil ayant prononcé definitivement fur icelle, & ayant avec juftice debouté ledit Chandelier de l'oppofition par luy formée, refervant apparament à le condamner aux dépens & à l'amande dans l'Arreft definitif qui doit terminer tout ce procez.

Sur la Requefte prefentée au Confeil par ledit S. Germain le 10. May 1685. tendante à ce que deffences foient faites aufdits Garrus & Chandelier de pratiquer la Medecine à Paris, qu'ils n'ayent auparavant fait apparoir leurs pretenduës Lettres de Docteur, & fatisfait au furplus du contenu efdites Lettres Patentes & Arrefts du Confeil. Noftre avis eft, que ledit S. Germain eft tres-bien fondé dans fadite Requefte, & que lefdits Garrus & Chandelier meritent une amande exemplaire, pour avoir voulu éluder l'execution defdites Lettres Patentes & Arrefts du Confeil.

Enfin, fur la Requefte des Adminiftrateurs de la Confrairie de l'Immaculée Conception, prefentée au Confeil le 28. May 1685. tendante à ce

qu'ils foient receus oppofans à l'execution du fufdit Arreft du 24. Novembre 1684. Nous n'avons point d'avis à donner, aprés que le Confeil
en a jugé definitivement dans ledit Arreft du 30. Iuin 1685. & les a debouté
de leurdite oppofition.

Pour ce qui eft d'un Syndic & autres Officiers, que le Confeil nous a ordonné de nommer, par ledit Arreft du 30. Iuin 1685. en conféquence de
la demiffion volontaire, que ledit S. Germain en a fait fignifier quelques
jours auparavant. Noftre avis eft, que conformement à l'Arreft du Confeil
Privé du 12 Decembre 1679. la Chambre foit toûjours gouvernée par les
douze Anciens de ladite Chambre & par les trois Officie.s en charge;
Sçavoir le Syndic, le Cenfeur & le Receveur ou Treforier, qui auront
un Bureau particulier dans ladite Chambre, où le Syndic fe placera entre
le Cenfeur & le Treforier.

Le Syndic aura foin des affaires de la Compagnie, convoquera les Affemblées, tant pour les affaires communes de ladite Chambre, que pour
la reception des Recipiendaires, & parlera le premier pour propofer le fujet de l'Affemblée, au defir de l'Arreft du Confeil du 15. Octobre 1672.

Le Cenfeur veillera à l'obfervation des Reglemens portez par les Lettres Patentes & Arrefts du Confeil, & à cét effet il aura deux Livres ou Regiftres, l'un pour y écrire les Deliberations & Actes de la Compagnie, les
Lettres patentes & Arrefts obtenus & à obtenir pour l'établiffement de lad.
Chambre ; & l'autre pour y infcrire les noms & qualitez de tous les Docteurs qui feront receus à l'avenir dans ladite Chambre, avec la copie de
leurs Lettres & Brevets, qu'il fignera conjointement avec le Syndic & le
Treforier, aprés avoir bien examiné s'il n'y a point de furprifes ou de
fauffetez, & prenant fur tout garde qu'ils foient de la Religion Catholique
Apoftolique & Romaine, conformement à la Declaration du Roy du
6. Aouft.685. Ledit Cenfeur gardera chez luy lefdits Regiftres & tous
les papiers & Titres concernans la Chambre, en attendant qu'il y ait dans
ladite Chambre un Coffre fermant à trois clefs, où tous les fufdits Papiers
feront enfermez, & les clefs gardées par le Syndic, le Cenfeur & le Treforier de lad. Chambre ; & à cette fin Noffeigneurs du Confeil font priez
d'ordonner par l'Arreft definitif qui interviendra, que les Lettres patentes
en original, le Liure contenant les Statuts de ladite Chambre, les Arrefts
& autres pieces, qui ont efté arreftées & retenuës fur le Bureau dans le
Deliberé dudit Confeil, feront mifes inceffament és mains dud. Cenfeur &
que fi aucuns des Medecins de lad. Chambre ont quelques-uns defdits papiers entre leurs mains, ils feront tenus de les rapporter & de les mettre
entre les mains dud. Cenfeur dans un mois pour tout de'ay. fur péine d'ex-
clufion de ladite Chambre, méme qu'a faute de ce faire ils y feront con-
trains par corps ; pour par ledit Cenfeur eftre fait un inventaire defd. Pa-

piers, qu'il fignera & mettra és mains dud. Syndic, qui le gardera jufqu'a ce qu'ily ait un coffre dans ladite Chambre, où il puiffe eftre dépofé.

Le Treforier recevra l'argent des Recipiendaires & fes quittances demeureront és mains du Cenfeur, pour les raporter au jour des comptes, & faire voir ce que led. Treforier aura receu; & icelui Treforier fournira au Syndic les fommes neceffaires pour le maniément des affaires communes de la Chambre, dont il gardera les quittances, pour les rapporter aud. jour des comptes qui fe rendront tous les ans pardevant les douze Anciens le lendemain du jour & Fefte de Saint Luc.

On fera tous les deux ans election nouvelle, ou continuation des fufdits Officiers le lendemain de Saint Luc, à moins que par caufe de mort, de longue abfence, ou de défauts confiderables dans l'exercice de leurs Charges on ne fut obligé de devancer led. temps. Et tous lefd. Officiers ne pourront exiger aucune chofe de la compagnie pour les péines & foins qu'ils auront pris dans le maniement des affaires communes : mais il dependra de la compagnie de leur faire telle reconnoiffance, qu'elle jugera à propos fuivant les fervices qu'ils auront rendus.

Pour Syndic, nous nommons, fous le bon plaifir du Confeil, le Sr Ducerf; pour Cenfeur, le fieur Denis; & pour Treforier, le fieur Demicha. Le Syndic en fera dés à prefent les fonctions & en la maifon diceluy nous élifons tous noftre domicille pour les affaires communes de noftre dite Chambre, & particulierement pour l'execution de l'Arreft du Confeil du 30 Juin 1685. confentans que toutes les affignations faites & à faire pour l'execution d'iceluy foit à la requefte de Monfieur le Procureur General, ou autres, y foient valablement faittes, & confentons que led. fieur Syndic faffe fignifier & communiquer nos Avis cy-deffus, & l'election des Officiers que nous avons fait & faifons, à tous ceux qu'il appartiendra, méme conftituer à cet effet fi befoin eft un Procureur, pour produire nos prefens Avis & élection d'Officiers pardevant Mr le Doyen du Confeil commiffaire à ce deputé, & tous autres fubrogez, & donner les Requeftes, former les oppofitions & demandes, pour faire rendre un Arreft en conformité de nos prefens Avis, ainfi qu'il a efté arrefté entre nous ce jourd'huy vingt cinq Novembre 1685, & avons figné. Antoine Fredonnet, François de Micha, Iean-Baptifte Denis, Nicolas Ducerf, Maurice Geraldin, Nicolas Bailly, Jean Lheritier, François de D'ourlens, Leonor Gontier, Julien le Bouc, Germain de Befançon, Jean-François du Mefnil & George Ozon.